Marta Galewska-Kustra

Z MUCHĄ NA LUZIE ĆWICZYMY BUZIE

czyli zabawy logopedyczne dla dzieci

narysowała Joanna Kłos

NASZA KSIĘGARNIA

Projekt okładki, layoutu, ilustracje i logo serii **Joanna Kłos**

Koncepcja, opracowanie logopedyczne i pedagogiczne serii
„Uczę się: mówić, wymawiać, opowiadać" **dr n. hum. Marta Galewska-Kustra**

Halince,
ukochanej babci

Drodzy Rodzice!

„Z muchą na luzie ćwiczymy buzie" to książeczka, dzięki której we wspólnej zabawie z dzieckiem możecie zadbać o sprawność aparatu artykulacyjnego.
Każdą głoskę języka polskiego wymawiamy między innymi dzięki odpowiednim ruchom narządów artykulacyjnych. Ich sprawność jest więc podstawą prawidłowej wymowy, a jej brak – częstą przyczyną problemów artykulacyjnych u dzieci.
Dlatego w gabinecie logopedycznym pracujemy nad ruchomością narządów artykulacyjnych, zanim zajmiemy się wymową konkretnej głoski przez dziecko. Ćwiczenia te bywają żmudne, tym bardziej że ich skuteczność zależy od częstych powtórzeń. Mucha Fefe przychodzi więc nam z pomocą! Czytanie o jej przygodach to zachęta do wspólnej zabawy, której celem jest właśnie ćwiczenie sprawności buzi i języka dziecka.

Jak używać tej książeczki?
Zabawa z muszką Fefe to prosta sprawa. Wystarczy wspólnie czytać jej przygody i sprawdzać, jakie zadanie dla dziecka zostawiła na danej stronie. Zadanie takie umieszczone jest w czarnej chmurce. Należy odczytać je dziecku i wspólnie wykonać. Obok zadania dla dziecka znajdziecie Państwo informację dla rodzica, która została oznaczona przerywaną linią. Dzięki niej dowiecie się, jaki jest cel danego ćwiczenia oraz jak pomóc dziecku w jego poprawnym wykonaniu.

Życzę Państwu doskonałej zabawy z muszką Fefe!

Drogie Dzieci!

W tej książeczce zapisałam wszystko, co wiem o muszce Fefe. Któregoś dnia po prostu przyleciała do mnie i kazała spisać to, co wybzyczała mi do ucha. Z początku nie chciałam się zgodzić, bo kto to widział, aby mucha była bohaterką książki? Księżniczka, odważny miś, sprytny lisek – to rozumiem, ale mucha? Fefe opowiadała jednak bardzo ciekawe rzeczy, zapisałam je więc dla Was.

Zostawiła Wam też kilka śmiesznych zabaw. Spróbujcie pobawić się w nie razem z rodzicami! Nie wiem, czy to, co opowiadała Fefe, to prawda. Może muszka trochę nazmyślała? Czy muchy mogą mieć takie przygody? Jestem bardzo ciekawa, co o tym myślicie...

Autorka

Mucha jak każda!

Nic specjalnego!

Kiedy przyleciała do mnie i powiedziała,

że mam napisać o niej książkę, śmiałam się do łez.

To dopiero zarozumiała mucha!

Myśli, że jest gwiazdą i że należy pisać o niej książki!

Cha, cha! Dobre sobie… Sami popatrzcie.

Oto Fefe, mała mucha.

Ma skrzydełka, łapki, trąbkę, wielkie oczy.

Widzicie? Przecież każda mucha taka jest!

To naprawdę nic nadzwyczajnego.

Ale zaraz…

Co ona ma na sobie?

Mucha, która nosi… muchę?

O rety!

Chwileczkę, Fefe coś do mnie mówi.

Trochę się do niej przysunę, żeby lepiej słyszeć. Cooo?

Ta mucha wygaduje takie rzeczy, że…

No dobrze, opowiem wam o Fefe i sami zdecydujecie,

czy to mucha jak każda inna.

Fefe jest dzielną strażaczką.

Nikt, kto widział Fefe, nie spodziewa się,

że ta mała mucha potrafi gasić pożary.

O, zobaczcie!

Właśnie pędzi szybkim jak strzała

wozem strażackim.

Ależ ona odważna!

Uwaga, uwaga!

Prosimy usunąć się z drogi,

bo wóz jedzie na sygnale!

I-O, i-O, i-o!

Dla rodziców:
Ćwiczymy wargi.
Mówimy samogłoski,
wyraźnie poruszając wargami:
„I" – wargi rozciągnięte,
„O" – wargi mocno zaokrąglone.

Dla dzieci:
Naśladujcie dźwięk
mojego wozu strażackiego:
„I-O, I-O, I-O".
Rodzice pokażą wam,
jak to zrobić.

Każda mucha potrafi latać?

No pewnie.

Ale tylko Fefe lata tak szybko,
że jej koleżankom z wrażenia opadają trąbki!
Jedyne, co mogą zrobić, to stać i podziwiać jej wyczyny.

Kiedyś Fefe ścigała się nawet z samolotem.

I wygrała!

– Od tamtej pory mam darmowe bilety na wszystkie loty,
ale wolę jeździć swoim pięknym samochodem
– przechwala się muszysko.

Dla rodziców:
Ćwiczymy wargi.
Mówimy razem: „Uuuu…"
(wyraźny ruch warg – usta wysunięte do przodu).

Dla dzieci:
Proszę podziwiać moje wyczyny w lataniu i wydawać dźwięk zachwytu: „Uuuuuuu!".

oOOOOO!

Dla rodziców:
Ćwiczymy wargi.
Mówimy razem: „Oooooo…”
(wyraźny ruch warg – usta zaokrąglone).

Dla dzieci:
Proszę podziwiać mój wspaniały samochód i mówić z zachwytem: „Oooooo!”.

Samochodem?

Jak to?

To mucha może mieć samochód?

Tak, tak, wszyscy się temu dziwią.

Niejedno dziecko pokazuje na ulicy palcem i krzyczy:

„Mamo, tato, zobaczcie, mucha w aucie!”.

Ale rodzice na nic nie mają czasu,

a już na pewno nie na opowieści o muchach.

Kiedy Fefe jedzie z fasonem przez miasto,

przechodnie stają jak wryci

i mówią ze zdziwieniem: „Oooooo!”.

To tajemnica,

ale Fefe mi ją zdradziła:

jest zakochana!

A co robią zakochani? No pewnie – chodzą na randki.

Kiedy Fefe dostaje buziaka

od swojego adoratora, cała się czerwieni.

Myśleliście, że muchy nie chodzą na randki?

Ja też tak myślałam…

A dokąd taka mucha może się wybrać?

Macie jakiś pomysł?

Dla dzieci:
Róbcie razem za mną piękne, soczyste całuski: „Cmok, cmok, cmok!".

Dla rodziców:
Ćwiczymy wargi. Dajemy sobie buziaka. Ważne, abyśmy zrobili to porządnie: usta wyraźnie wysunięte (dzióbek), mocne cmoknięcie. Powtarzamy kilka razy.

– Nie wiem,

gdzie na randki chodzą inne muchy,

ale ja najbardziej lubię chodzić do kina

– mówi Fefe.

– Najchętniej na bardzo śmieszne komedie.

Fefe śmieje się wtedy tak bardzo,

że aż trzęsie jej się tłusty brzuszek.

Po całym kinie niesie się śmiech muszki:

CHA, CHA, CHA!

Dla rodziców:
Ćwiczymy podniebienie miękkie.
Śmiejemy się razem z Fefe:
„CHA, CHA, CHA! CHA, CHA, CHA!"
(powtarzamy kilka razy,
mówiąc dokładnie
sylabę „CHA").

Dla dzieci:
Kto umie się głośno śmiać?
Śmiejemy się razem:
„CHA, CHA, CHA!
CHA, CHA, CHA!".

Fefe miewa czasem zgryzoty.

Jak każdy.

Wiecie, co to są zgryzoty?

To znaczy, że coś muchę dręczy
i jej przeszkadza albo że ma ona
jakiś problem do rozwiązania.
Na przykład: jak nie wpaść w sieć pająka,
jak zjeść coś szybko z cudzego talerza,
zanim właściciel wróci do stołu,
i tak dalej, i tak dalej.

A A AAAA!

Ale największym problemem Fefe
jest pies sąsiada – Nerwus.
To wyjątkowo nerwowe psisko,
dlatego ma tak na imię.

Dla dzieci:
Wołajcie ze mną:
„Aaaaaa!".
Może pies się przestraszy?

Dla rodziców:
Ćwiczymy wargi.
Uciekamy razem z Fefe
i wołamy: „Aaaaaa!"
(szeroko otwarte usta).

Niech mu tylko mucha usiądzie na nosie,

a już podrywa się jak oparzony

i goni Fefe przez całe podwórko!

A Fefe chce sobie tylko pospać na psim nosie.

Sami powiedzcie, co w tym złego?

Biedna Fefe ucieka wtedy z krzykiem:

„Aaaaaa!".

– Ach,

gdybym miała takie wielkie zębiska,

pogoniłabym Nerwusa,

że hej!

Zrobiłabym nimi kłap, kłap!

Już by nie był taki odważny!

– Fefe przegląda się w lustrze

i marzy…

Dla dzieci:
Policzcie, ile mam zębów.
A teraz policzcie swoje.
Rodzice pokażą wam,
jak to zrobić.

Dla rodziców:
Ćwiczymy wargi i język.
Najpierw szeroko uśmiechamy się do siebie
i wyraźnie pokazujemy ząbki.
Potem liczymy nasze ząbki, ale z użyciem języka:
otwieramy szeroko usta, kładziemy język
na górnych ząbkach i staramy się je policzyć.
To samo robimy na dole.

Czasem Fefe postanawia:

„Żadnego psa się nie boję!

Jestem przecież odważna.

WIO, KONIKU!

Gaszę pożary, biegam w maratonach,

ścigam się z samolotami, a psa mam się bać?

Już ja mu pokażę, co potrafi mała mucha!”.

Fefe robi wtedy Nerwusowi różne psikusy.

Najbardziej lubi zabawę w wyścigi konne.

Dopada psisko i udaje, że jest prawdziwym dżokejem!

Nerwus próbuje ją zrzucić, ale Fefe się nie daje.

I jeszcze złośliwie go pogania:

„Wio, koniku! Wio!”.

Dla dzieci:
Zróbcie dźwięki
do mojej przygody.
Naśladujcie dźwięk kopyt
konika, a potem parskajcie
jak konik.

Dla rodziców:
Ćwiczymy język i wargi.
Mocno przyklejamy język do podniebienia
i raz po raz go odrywamy. Robimy to szybko,
mocno rozchylając usta. W ten sposób
wydajemy dźwięk imitujący stukot kopyt.
Następnie głośno parskamy.

Dla rodziców:
Ćwiczymy podniebienie miękkie i język. Wysuwamy język na brodę i ziajamy jak zmęczona Fefe.
Uwaga: Jeśli problemem dziecka jest nawyk wsuwania języka między zęby w trakcie mówienia, nie wykonujmy z nim ćwiczeń polegających na wysuwaniu języka z ust. Poprzestańmy na ziajaniu z językiem schowanym w buzi.

Dla dzieci:
Udawajcie, że biegliście razem ze mną. Ziajamy razem!

Zaraz, zaraz,

czy była mowa o tym,

że Fefe biega w maratonach?

Nie przesłyszeliście się.

Fefe ma nawet dobre wyniki,

choć zawsze kończy bieg

strasznie zziajana.

Fefe jest prawdziwą łakomczuchą!

Kiedy tylko poczuje smakołyki, już jest na miejscu,

gotowa do wielkiej uczty.

Ach, czasem trafiają jej się wspaniałe okazje!

Mucha rozgląda się po najlepszej restauracji

i jak tylko ktoś odejdzie od swoich truskawek z bitą śmietanką,

z apetytem pałaszuje jego porcję!

Cała jest w śmietanie, mlaszcze, oblizuje się ze smakiem.

– Jeśli chodzi o truskawki z bitą śmietaną,

to zasady kultury nie obowiązują.

Trzeba mlaskać i już!

– uważa Fefe.

Dla rodziców:
Ćwiczymy język. Oblizujemy się najpierw dookoła, potem w kącikach warg – mocno wyciągamy przy tym język w bok, sięgając jak najdalej na policzek. W końcu oblizujemy trąbkę muchy, czyli staramy się sięgnąć językiem do noska.
Uwaga: Jeśli problemem dziecka jest nawyk wsuwania języka między zęby w trakcie mówienia, nie wykonujmy z nim ćwiczeń polegających na wysuwaniu języka z ust. Poprzestańmy na oblizywaniu językiem górnych i dolnych ząbków przy otwartych ustach.

Dla dzieci:
Oblizujcie się razem ze mną, bo pyszna była ta bita śmietana. Rodzice wam pokażą, jak dokładnie się oblizać.

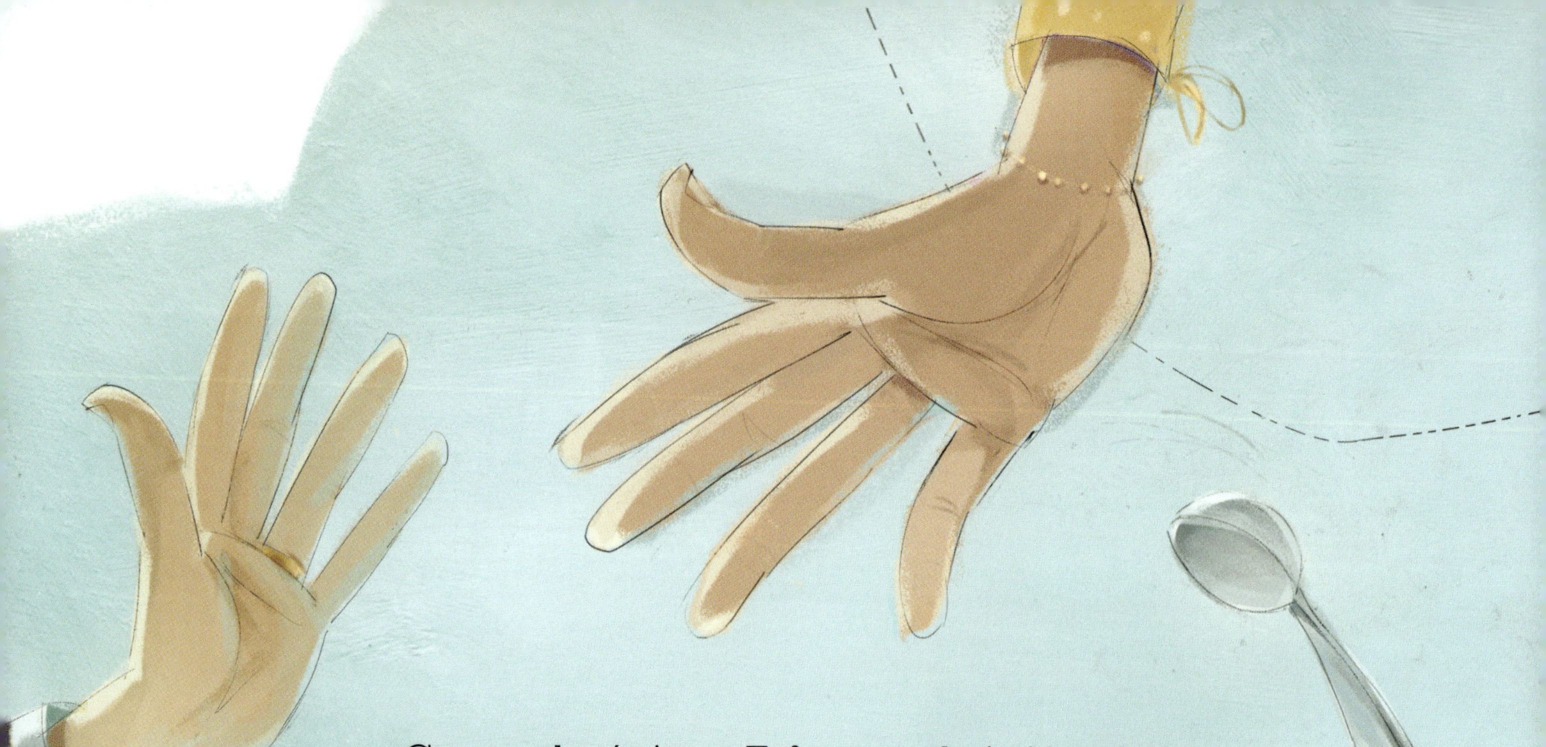

Czasem ktoś się na Fefe zamachnie i krzyknie:

„A fe! Sio! Wstrętna mucha!”.

Fefe nic z tego nie rozumie.

Przecież nie ma na imię Fe, tylko Fefe, a to różnica.

I na pewno nie jest wstrętna,

tylko piękna i elegancka – w końcu nosi muchę!

Co wtedy robi?

Myślicie, że grzecznie zwraca komuś uwagę?

O, nie, po prostu bezczelnie pokazuje język.

Okropna z niej złośnica!

Dla rodziców:
Ćwiczymy język. Najpierw wysuwamy go jak najdalej na brodę, a potem cofamy jak najdalej w głąb ust, jakbyśmy chcieli go schować.
Uwaga: Jeśli problemem dziecka jest nawyk wsuwania języka między zęby w trakcie mówienia, nie wykonujmy z nim ćwiczeń polegających na wysuwaniu języka z ust. Poprzestańmy na części dotyczącej chowania języka.

Dla dzieci:
Kto potrafi pokazać język tak jak ja? Spróbujcie! A umiecie dobrze go potem schować?

Kto chodzi do przedszkola, ręka w górę!

Fefe chodzi już do starszaków.

Co mówicie?

Że muchy nie chodzą do przedszkola?

Kiedy następnym razem będziecie w przedszkolu,

rozejrzyjcie się dokładnie. Może jest gdzieś obok mucha.

To pewnie Fefe!

W przedszkolu robi się różne rzeczy,

ale Fefe najbardziej lubi rysować. Cała jest wtedy skupiona,

nie odejdzie od stolika, póki nie skończy swojego dzieła.

Czasem wygląda to trochę śmiesznie,

bo mucha pokazuje język w trakcie rysowania.

Dla dzieci:
Przytrzymajcie język tak,
jak ja to czasem robię,
kiedy rysuję!

Dla rodziców:
Ćwiczymy język. Rozchylamy wyraźnie usta, kładziemy język na górnej wardze i przytrzymujemy go tam przez chwilę. Powtarzamy kilka razy.
Uwaga: Jeśli problemem dziecka jest nawyk wsuwania języka między zęby w trakcie mówienia, nie wykonujmy z nim ćwiczeń polegających na wysuwaniu języka z ust. Poprzestańmy na przytrzymaniu języka za górnymi ząbkami (buzia otwarta).

Dla rodziców:
Ćwiczymy wargi i podniebienie miękkie. Nadymamy policzki jak balonik. Przesuwamy powietrze z jednego policzka do drugiego. Przytrzymujemy powietrze przez chwilę, a potem powoli wypuszczamy je z balonika (syczymy).

Dla dzieci:
Kto umie zrobić balonik z buzi tak jak ja? Spróbujcie! Może uda wam się polecieć?

– Nie ma to jak dalekie podróże!

– wzdycha Fefe.

– Inne muchy latają tylko od talerza do talerza,

a ja wyruszam czasem w prawdziwą podróż.

Raz leciałam balonem, wysoko, wysoko.

To prawdziwy odpoczynek dla muchy,

bo nie musi wtedy w ogóle ruszać skrzydełkami.

Nawet próbowałam potem nadąć się jak balon,

ale nie poleciałam wcale.

Nic z tego nie rozumiem!

Oj, głupiutka ta Fefe czasami.

Zimą nie ma to

jak poszusować sobie na nartach!

Mucha śmiga po stoku, że hej!

Wcale się nie boi.

„Juhuuuuuuu!” – niesie się głos Fefe.

Kiedy jest zimno,

mucha wypija czyjąś ciepłą herbatkę

i chucha w łapki, żeby się rozgrzać.

Dla rodziców:
Ćwiczymy podniebienie miękkie.
Chuchamy do rączek kilka razy.

Dla dzieci:
Pochuchajcie w rączki tak jak ja.
Robi się wam cieplutko?

Muchy tak już mają: lubią wyjadać czyjeś jedzenie.
Ale nie myślcie sobie, że to takie proste!

Czasem mucha ma przez to nie lada kłopoty.

Na przykład pewnego razu Fefe znalazła nowiutki, nielizany wcale cukierek.

To była krówka! Znacie krówki?

No, to już się pewnie domyślacie, co się stało. Fefe zajadała z apetytem, cała zadowolona, i nagle… poczuła, że nie może otworzyć buzi!
Cukierek przykleił jej się do podniebienia!

Dla rodziców:
Ćwiczymy język. Jak Fefe je krówkę?
Najpierw mlaskamy głośno przez chwilę,
a potem próbujemy oderwać lepki cukierek
od podniebienia: usta mocno rozchylone,
a język porusza się po podniebieniu.

Dla dzieci:
Udajemy razem,
że jemy krówkę.
Rodzice pokażą wam,
jak to zrobić.

Ale się Fefe namocowała…

Tak długo zlizywała krówkę, aż jej się udało.

– Nigdy więcej! – przysięga mucha.

– Choćbym znalazła całą torbę krówek,

nie tknę ani jednej!

Teraz już rozumiem,

dlaczego mówią na te cukierki „mordoklejki”.

A co to za hałasy?

Kto to tak śpiewa?

Oczywiście Fefe, która uważa, że jest gwiazdą opery.

Podobno arie w jej wykonaniu słyną na cały świat,

a bilety na koncerty zawsze wyprzedane są co do jednego.

Kiedy Fefe staje na scenie, oklaskom nie ma końca.

Ile razy ta mucha musi bisować,

ile dostaje kwiatów od wielbicieli, ile autografów musi rozdać!

Fefe to zdecydowanie najsłynniejsza ze śpiewających much.

Tylko rozejrzyjcie się dookoła, na pewno znajdziecie plakaty

z zapowiedziami jej koncertów.

Dla rodziców:
Ćwiczymy język i wargi.
Otwieramy szeroko usta i śpiewamy:
„La, la, la, la, la, la...”
(język porusza się
za górnymi ząbkami).

Dla dzieci:
Śpiewajcie razem ze mną:
„La, la, la, la, la, la...”.

Ciężko jest być muchą.

Te wszystkie koncerty w operze i loty balonem,

to gaszenie pożarów, chodzenie do przedszkola,

bieganie w maratonach. To bardzo męczące.

Fefe czasem wręcz słania się na łapkach ze zmęczenia.

– Dosyć tego!

– krzyczy wtedy.

– Tak dalej być nie może!

Jadę na wakacje i nic nie będę robić.

Poleżę sobie na leżaku, powygrzewam w słonku spracowane

skrzydełka i będę popijać egzotyczne koktajle owocowe.

Oczywiście przez słomkę, tak jest modnie!

Dla rodziców:
Ćwiczymy wargi i podniebienie miękkie. Pijemy przez słomkę. Możemy wykorzystywać różne słomki: im cieńsze i dłuższe lub skręcone, tym trudniejsze ćwiczenie. Ćwiczenie staje się też trudniejsze, jeśli użyjemy gęstszego napoju. Możemy także zrobić burzę w szklance: dmuchamy przez słomkę do napoju.

Dla dzieci:
Umiecie pić przez słomkę tak jak ja? Spróbujcie!

Ale co to?

Czemu mucha ma taką kwaśną minę?

Dla rodziców:
Ćwiczymy wargi,
zaciskając mocno usta.
Powtarzamy minkę
kilka razy.

Dla dzieci:
Zróbcie ze mną
kwaśną minkę.

Oj,

chyba ktoś się pomylił

i dał Fefe soczek cytrynowy!

– Nawet na urlopie spracowana mucha nie może mieć spokoju!

Hotel luksusowy, a tu takie wpadki!

To nie do pomyślenia!

– pokrzykuje Fefe.

Ależ ta muszka się piekli.

A przecież zupełnie nie ma o co,

bo soczek cytrynowy jest bardzo zdrowy,

każdy to wie.

– Chwileczkę!

To chyba jakieś żarty!

– Przecież muchy nie robią takich rzeczy!

Muchy to nudne i leniwe stworzenia.

– A już na pewno nie jeżdżą autem.

Kto by im dał prawo jazdy?

– Muchy nie latają balonem

i nie śpiewają w operze!

W ogóle nie potrafią śpiewać!

– To wszystko bajki, ta mucha kłamie!

A Wy jak myślicie?

Ona to wszystko zmyśliła?

Chodźmy zapytać Fefe!

Och,

Fefe smacznie śpi.

Może to wszystko jej się przyśniło?

Kto wie?

Każdy przecież

chciałby mieć takie przygody.

Nie przeszkadzajmy Fefe,

cii…

Dla rodziców:
Ćwiczymy podniebienie miękkie, chrapiąc jak Fefe.

Dla dzieci:
Poudajecie ze mną, że śpię? Chrapiemy razem!

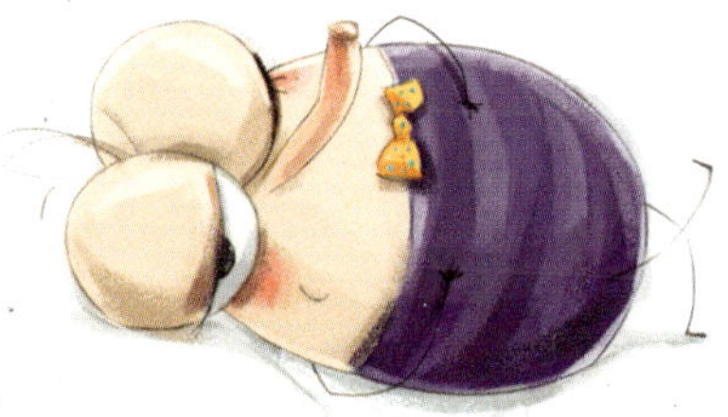

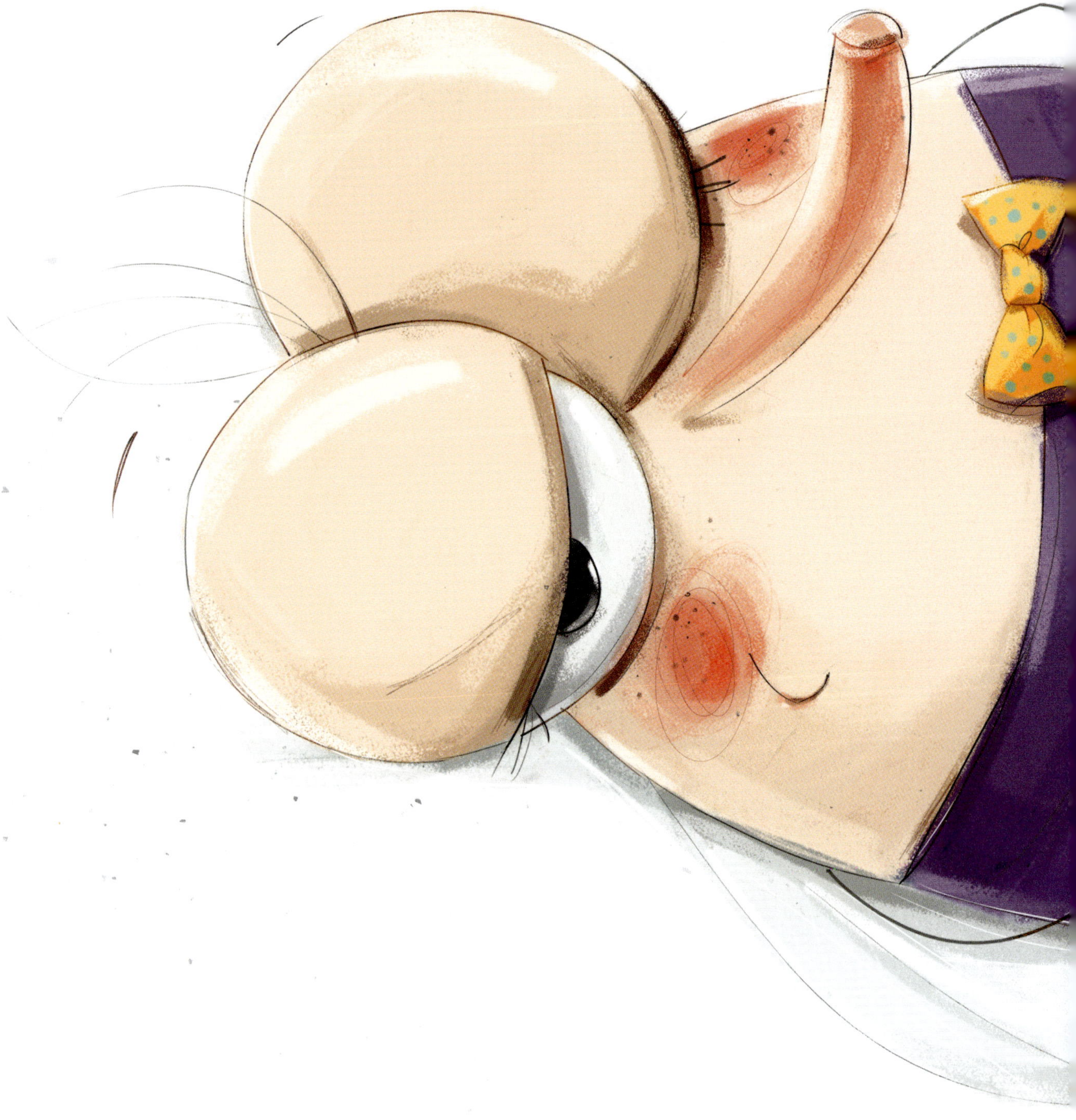

Cii...

Wydawnictwo
NASZA KSIĘGARNIA
www.naszaksiegarnia.pl

02-868 Warszawa, ul. Sarabandy 24c
tel. 22 643 93 89, 22 331 91 49, faks 22 643 70 28
e-mail: naszaksiegarnia@nk.com.pl

Dział Handlowy
tel. 22 331 91 55, tel./faks 22 643 64 42
Sprzedaż wysyłkowa: tel. 22 641 56 32
e-mail: sklep.wysylkowy@nk.com.pl **www.nk.com.pl**

Redaktor prowadzący **Anna Garbal**
Opieka redakcyjna **Magdalena Korobkiewicz**
Redakcja techniczna **Joanna Piotrowska**

ISBN 978-83-10-12907-9

PRINTED IN POLAND

Wydawnictwo „Nasza Księgarnia”, Warszawa 2018 r.
Druk: EDICA Sp. z o.o., Poznań